이번에 발견된 화석은 백악기
시대의 공룡 알로 추정하고 있습니다.
지금까지 제임스 특파원이었습니다.
아파트 근처에서 공룡알
화석이 발견되었다니….

글 **황시원**

대학에서 국어국문학을 전공했습니다. 잡지사와 출판사, 애니메이션 회사에서 일했습니다.
현재는 출판사 파란소나기 대표로 콘텐츠와 출판물을 기획하고 집필하고 있습니다.
네이버 지식백과 〈만화로 보는 교과서 인물〉, 쥬니버와 아울북 인터랙티브 〈동화 만들기〉 콘텐츠를 만들었으며
쓴 책으로는 《나는 커서 뭐가 될까?》, 《노벨상 수상자 50인의 특강》, 《마법천자문 속담사전》,
《초등교과서 어휘능력 12000》, 《EBS 철학 학교 1》 등이 있습니다.

글 **한고은**

대학에서 사회학을 전공하고, 잡지사에서 기자로 일했습니다.
현재 파란소나기 기획창작 그룹 팀장으로 '스토리다움', '스토리나인'을 이끌며 콘텐츠와 출판물을 기획하고 집필하고 있습니다.
네이버 지식백과 〈만화로 보는 교과서 인물〉, 쥬니버와 아울북 인터랙티브 〈동화 만들기〉 콘텐츠를 만들었으며
쓴 책으로는 《고사성어월드》, 《스도쿠월드》 등이 있습니다.

그림 **도니패밀리**

귀여운 그림과 재미있는 표정 연출이 주특기인 신재환, 정동호 두 그림작가로 이루어진 팀입니다.
그림을 보면서 즐거워하는 독자들의 모습을 상상하면서 신나게 작업하고 있습니다.
펴낸 책으로는 《구해줘 카카오프렌즈》, 《몰입영어 월드트레블》 등이 있습니다.

감수 **황신영**

이화여자대학교 과학교육과를 졸업하고, 동대학원에서 박사 학위를 받았습니다.
현재 이화여자대학교 사범대학부설 영재교육원에서 근무하며, 대학생을 가르치고 있습니다.
쓴 책으로 《멘델이 들려주는 유전 이야기》, 《윌머트가 들려주는 복제 이야기》,
《초등과학 개념사전》, 《초등학생이 꼭 알아야 할 미생물 이야기 33가지》 등이 있으며,
번역한 책으로는 《천재들의 과학노트: 과학사 밖으로 뛰쳐나온 생물학자들》, 《현대 과학의 이정표》가 있습니다.

매직 엘리베이터

브라운앤프렌즈 지식그림책

공룡

글 황시원, 한고은 | 그림 도니패밀리 | 감수 황신영

아울북

매직 엘리베이터 클럽

엘베르토와 함께 매직 엘리베이터를 타고 세상의
모든 지식을 찾아 모험을 하는 클럽이다.
매직 엘리베이터 클럽을 줄여서 '매직 엘리 클럽'이라고도 한다.
호기심이 늘 샘솟는다면
누구나! 매직 엘리 클럽의 회원이 될 수 있다.

엘베르토

매직 엘리베이터를 타면 나타난다.
누구인지, 어디서 오는지 알 수 없다.
모르는 게 없다. 그만큼 말이 많다.
아직도 알고 싶은 게 너무 많다.

매직 엘리베이터

평소엔 평범한 엘리베이터다.
호기심이 발동하는 순간
매직 엘리베이터가 된다.
매직 엘리베이터는
시간과 공간을 초월한다.
매직 엘리베이터의 능력과 한계는
아직 밝혀지지 않았다.

매직 엘리 클럽 규칙

- ✔ 하나. 궁금한 건 참지 않는다.
- ✔ 둘. 매직 엘리베이터를 타고 신나게 모험을 즐긴다.
- ✔ 셋. 모험을 한 후 내 마음대로 보고서를 쓴다.

매직 엘리 클럽 회원 소개

라인 아파트에 사는 사이 좋은 친구들.
우연히 매직 엘리베이터의 비밀을 알게 되었고,
엘베르토와 함께 매직 엘리베이터를 타고 마법 같은 여행을 한다.

"세상에는 궁금한 것도, 알아 갈 것도, 경험할 것도 너무 많아!
정말 신나는 일이야!"

브라운

무뚝뚝, 무표정하지만 곁에 있는 것만으로 든든한 친구.

코니

열정과 에너지가 넘치는 친구.

초코

브라운의 동생. 궁금한 것도, 꿈도 많은 친구.

에드워드

책을 좋아하고, 스피드를 즐기는 친구.

레너드

미스터리를 좋아하고, 엘베르토의 비밀에 관심이 많은 친구.

제시카

언제나 명쾌하고 똑 부러지는 친구.

샐리

친구들 중 가장 힘이 세고, 엘베르토만큼 수다스러운 친구.

팡요

집에 있는 것을 제일 좋아하는 친구.

"이게 뭐지?"

화창한 오후, 공원에서 술래잡기를 하던 샐리가 외쳤어. 파헤쳐진 흙 속에는 동글동글한 모양의 단단한 덩어리가 박혀 있었지.

모두 모여 살펴보는데 에드워드가 말했어.

"이건 화석이야! 공룡 알 둥지 화석이라고! 얼마 전 뉴스에서 봤어."

우리는 너무 놀라 입이 딱 벌어졌어.

화석이란 뭘까?

- 화석은 한자어로 '돌이 되다'라는 뜻이다.
- 생물의 뼈가 보존된 것, 일부만 남은 것, 윤곽만 남은 것, 흔적만 남은 것 등으로 나뉘진다.
- 옛날에 살던 생물의 종류와 진화 순서, 당시의 환경을 이해하는 데 도움이 된다.

알 크기 비교

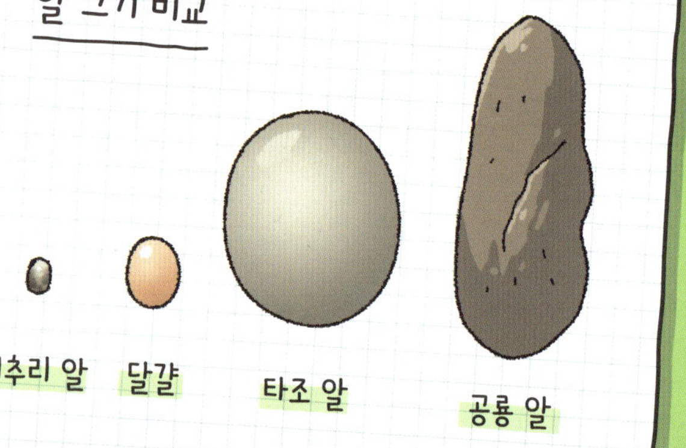

공룡 알 화석은 프랑스에서 처음 발견되었다. 초식 공룡 힙셀로사우루스의 알 화석으로 겉면이 울퉁불퉁하고 길이가 30센티미터나 되었다.

화석이라면 오래 전에 살았던 생물 흔적이 암석이나 땅속에 남아 있는 거잖아. 게다가 공룡 알 둥지라니, 도저히 놀라지 않을 수 없었지. 얼기설기 붙어 있는 공룡 알들 가운데 유독 반지르르 윤기 나는 알 하나가 눈에 띄었어. 샐리가 손을 내밀어 알을 잡았더니 툭 떨어져 또르르 굴러왔지. 우리는 깜짝 놀랐어. 샐리는 공룡 알을 주워 품에 끌어안았어.

화석은 어떻게 만들어질까?

1. 생물이 죽어서 강이나 호수에 가라앉는다.

2. 피부같이 연한 부분은 썩고, 단단한 뼈와 이빨만 남는다.

3. 오래 시간이 흐른 뒤 남은 뼈와 이빨 위로 흙과 같은 퇴적물이 쌓이며 화석이 된다.

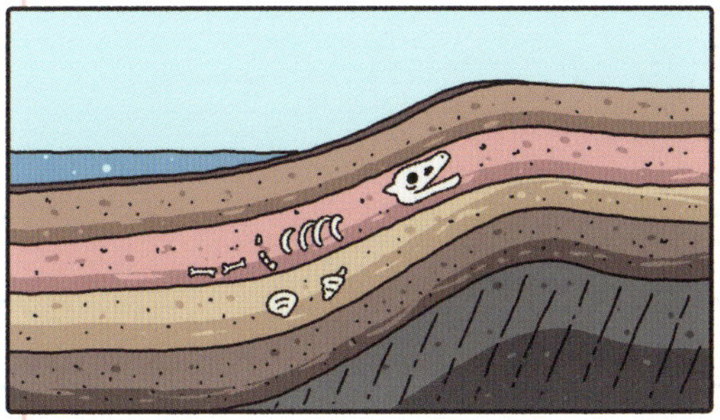

우리는 둥지에서 떨어진 알을 아지트로 가져왔어. 어떤 공룡의 알인지 궁금했기 때문이야.

제시카와 코니는 공룡 책을 뒤져 봤고, 에드워드는 공룡 알 둥지 화석을 검색하기 시작했지.

"그냥 동물원에 가서 공룡을 찾아보는 건 어때?"

초코의 말에 모두 크게 웃었어.

"공룡은 지구에서 가장 힘이 센 생명체였지만 이미 멸종됐다고!"

제시카가 말했지.

~ 공룡의 모든 것 ~

- 공룡은 선사시대에 살았던 파충류이다.
- 공룡은 무서운 도마뱀이라는 뜻이다.
- 공룡은 알을 낳는다.
- 다른 동물을 잡아먹는 육식 공룡과 식물을 먹는 초식 공룡이 있다.
- 1억 6500만 년 동안 지구에서 살았다.
- 피부는 대부분 질긴 가죽이나 비늘로 덮여 있다.
- 깃털이 달린 공룡도 있다.
- 공룡은 날개가 없다.

"그럼 이 알을 부화시켜 보자!"

"알이긴 해도 오래 전에 굳어진 화석이니까 공룡이 나올 리 없잖아."

신난 샐리의 말에 레너드가 대꾸했어. 바로 그때,

"찾았다, 찾았어! 진짜 공룡 알 둥지 화석이야."

에드워드가 공룡의 뼈 화석과 둥지 화석이 나온 뉴스를 보여 줬어.

레너드는 화석을 발굴하겠다며 커다란 배낭에 물건을 잔뜩 챙기더니 둥지 근처에 다시 가 보자고 했지.

공룡을 비롯해 도마뱀, 거북, 악어, 뱀 등이 속해 있는 동물군을 파충류라고 한다.

같은 파충류지만 공룡과 악어와 도마뱀은 차이점이 있다

- 공룡은 몸통 아래에 곧게 뻗은 다리로 걸어 다닌다.
- 악어는 무릎을 약간 구부린 채 기어 다닌다.
- 도마뱀은 다리를 직각으로 굽혀서 기어 다닌다.

'진짜 공룡의 알일까?'
'어떤 공룡의 알일까?'
우리는 호기심을 가지고 엘리베이터에 탔어.
쥐라기 공장
감독: 막찍어 잘찍어
주연: 티라노사우루스
세계 순회 전시
공룡들의 집단 돌연사!
"공룡은 왜 사라졌는가?"
매직엘리클럽 회원 50% 할인
진짜 공룡 알의 화석일 수도…. 그렇다면?
샐리는 제 몸보다 큰 공룡 알을 꼭 안고 말했어.
"이 공룡 알의 엄마를 찾아 줄 거야."
내가 꼭 엄마를 찾아 줄게.
도리 도리
중생대를 가지 않는 이상 불가능하지.
중생대?
공룡들이 살았던 시대야.
난 그냥 집에 가고 싶다.
그 순간, 엘리베이터가 덜컹거리기 시작했고, 갑자기 불이 꺼졌어.
엘리베이터는 금세 아수라장이 되었지.
쿵쾅
이 불길한 느낌은 뭐지?
찰싹
알이 움직이는 것 같은 기분이 들어.
아얏!
누가 내 발 밟았어?!
꾸욱

다시 불이 들어왔을 때, 우리는 너무 놀라 기절할 뻔했어. 눈앞에 새끼 공룡 한 마리가 있었거든.
넌 누구야?
설마 내가 부화시킨 건가…?
이건 분명히 꿈일 거야.
두리번
두리번
놀란 우리는 아무 말도 할 수 없었어. 샐리가 다가가 슬며시 새끼 공룡을 안았어. 어느새 엘리베이터는 매직 엘리베이터로 변해 있었지.
엄마를 찾아 줘야 해.
진짜 공룡 알이었다고?
또다시 엘리베이터가 덜컹거리더니, 굉장한 속도로 어딘가에 빨려 들어갔어.
슈아앙
으아아아아아아아아악!!

매직 엘리베이터는 무서운 속도로 끝없이 내려갔어.

−100000000층을 넘어서고 있을 때, 안내 방송이 나왔지.

"현재 매직 엘리베이터는 지구의 시간 터널을 지나고 있습니다. 이 터널은 신생대를 지나 중생대, 고생대, 선캄브리아 시대까지 약 46억 년으로 이루어져 있습니다."

우리가 아주 오래 전 지구의 시간을 지나고 있다는 것이 신기했어. 엘리베이터는 지구가 탄생한 선캄브리아 시대까지 내려가서야 멈췄어. 창밖에는 화산이 폭발하고 번개가 내리치고 있었지. 문이 열리기 전, 샐리가 재빨리 공룡이 그려진 중생대 버튼을 눌렀어.

고생대

삼엽충, 어류 등 많은 생물들이 생겨났다.

- **페름기**(2억 9천 8백만 년 전) 파충류가 번성하고 잠자리와 딱정벌레가 나타났다.
- **석탄기**(3억 5천 8백만 년 전) 곤충이 번성하고 파충류가 나타났다.
- **데본기**(4억 1천 9백만 년 전) 다양한 물고기의 시대. 양서류가 생겨났다.
- **실루리아기**(4억 4천 3백만 년 전) 식물이 땅으로 올라오고 상어가 등장했다.
- **오르도비스기**(4억 8천 5백만 년 전) 원시 물고기가 나타났다.
- **캄브리아기**(5억 4천만 년 전) 삼엽충이 바다에 출현했다.

선캄브리아 시대

지구가 탄생한 시기. 새로 생긴 지구는 뜨겁고 화산, 번개 등으로 위험한 환경이었다.

- **원생대**(25억 년 전)
- **시생대**(38억 년 전)
- **무생대**(46억 년 전)

지구의 역사

지구는 약 46억 년 전에 생겨났다. 지층을 바탕으로 지구의 역사를 연구해서 지질시대라고도 한다. 대체로 맨 아래에 묻힌 암석이 가장 오래되었다고 여긴다. 이런 지층을 통해 지구의 역사는 '신생대-고생대-중생대-선캄브리아 시대'로 나뉜다.

매직 엘리베이터는 -2억 5천 2백만 층에서 멈췄어. 문이 열리자 끝도 없는 사막이 펼쳐졌지. 공룡 꼬리가 달린 엘베르토가 어디선가 나타났어. "중생대의 트라이아스기에 온 걸 환영해. 트라이아스기는 지구의 모든 생물이 거의 다 죽어 버린 대멸종 시기가 지난 다음이야. 그래서 온통 사막이지."

엘베르토는 잘난 척을 하느라 새끼 공룡도 본체만체했어. 그러고는 지구를 지배했던 가장 큰 생물들을 만나러 가자고 했지.

중생대 트라이아스기

2억 5천 2백만 년 ~ 2억 년 전

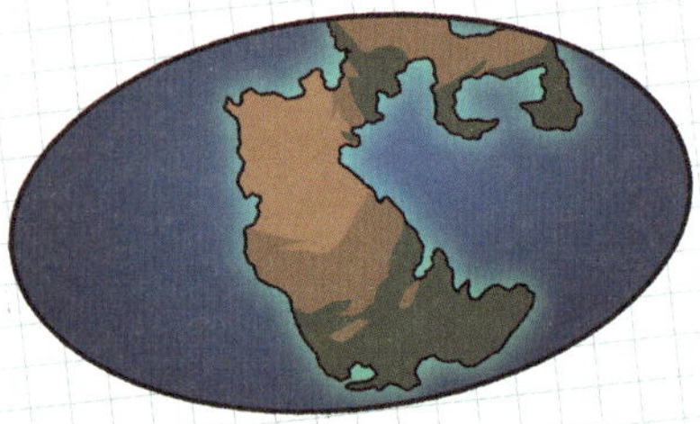

지구는 '판게아'라는 하나의 거대한 땅으로 모두 연결되어 있었다. 대부분 사막으로 뒤덮여 덥고 건조했다. 바다와 가까운 기름진 땅의 주위로 생물이 살았으며 공룡이 처음 등장했다. 트라이아스기라는 이름은 3개의 층이 뚜렷이 구분된다는 뜻이다.

우린 엘베르토를 따라 강가에 갔어. 키 작은 식물들과 잎이 뾰족한 나무들 사이로 공룡처럼 보이는 무리가 어슬렁거렸어. 우리는 모두 입이 떡 벌어졌어.

"진짜 공룡이야?"

"우하하하하. 트라이아스기 초기에는 공룡이 없었어. 이들은 공룡의 조상이라고 할 수 있는 지배파충류야."

샐리는 빨리 공룡이 있는 시대로 가자고 졸랐어.

중생대 트라이아스기에는 어떤 동물이 살았을까?

- 공룡 : 트라이아스기 중간 무렵에 처음 나타났다.
- 파충류 : 파충류의 시대라고 불릴 만큼 도마뱀, 땅거북, 악어 같은 파충류가 많이 살았다.
- 익룡 : 트라이아스기 후기에 하늘을 나는 파충류가 나타났다.

- 곤충류 : 메뚜기와 비슷한 티타노프테타, 나뭇가지처럼 생긴 대벌레가 살았다.

-2억 1천만 층에서 내리자 진짜 공룡들이 보였어. 은행나무나 잎이 뾰족한 나무들은 요즘 나무들이랑 비슷했지.

“이제 제대로 왔군. 트라이아스기 후기에는 제법 나무와 풀이 생겨났지. 이때부터 공룡들이 나타나기 시작했어.”

우리는 커다란 나무 위로 올라갔어. 아주 먼 곳까지 한눈에 내다보였지. 그때였어. 나무 위로 무언가 쑥 올라오는 거야.

초식 공룡의 소화를 돕는 돌 '위석'

거대한 초식 공룡들은 큰 몸집만큼 많은 양의 나뭇잎이나 열매를 씹지 않고 그대로 삼켰다. 이때 돌도 함께 삼켰는데, 위 속에 들어온 음식물을 맷돌에 가는 것처럼 잘게 부숴 소화를 도왔다.

"악! 고… 공룡이다!"
제시카 외침에 우리는 서둘러 나무 아래로 내려왔어. 공룡은 우리를 거들떠보지도 않고 나뭇잎만 뜯어 먹었지.
"걱정 마. 플라테오사우루스는 초식 공룡이야. 나뭇잎과 풀만 먹는다고!"
엘베르토가 트라이아스기의 공룡들을 소개했어.

트라이아스기의 공룡들

- **에오랍토르:** 몸길이가 1미터 정도로 작은 육식 공룡이다. 날카로운 이빨과 민첩한 뒷다리로 먹잇감을 잘 쫓아갔다.
- **무스사우루스:** 몸길이 4미터 정도로, 새끼 때는 쥐처럼 작기 때문에 '쥐 파충류'란 뜻의 이름을 갖게 되었다.
- **테코돈토사우루스:** 몸길이는 2미터 정도이며, 톱니 모양의 이빨을 가진 초식 공룡이다.
- **코엘로피시스:** '속이 빈 뼈'라는 뜻의 이름으로 몸길이가 2.8미터 까지 자랐다.
- **헤레라사우루스:** 가장 오래된 공룡 중 하나로 몸길이는 4미터 정도다.
- **플라테오사우루스:** 몸길이가 8미터에 이르는 최초의 대형 공룡이다. 뒷다리로 서서 높은 곳의 나뭇잎을 먹었다.

소철, 은행나무, 양치식물 등의 식물이 번성했다.

엘베르토의 설명이 슬슬 지루해질 때쯤이었어. 초코가 조그마한 공룡에게 먹이를 주겠다며 잎을 들고 다가갔지. 엘베르토가 초코 앞을 다급하게 막아섰어.

"조심하라고! 작다고 얕보면 안 돼. 에오랍토르는 육식 공룡이야."

에오랍토르는 날카로운 이빨을 드러내며 그르렁거렸어.

엘베르토는 공룡도 동물처럼 초식 공룡과 육식 공룡으로 나뉜다고 말했어.

내가 새끼 공룡과 에오랍토르를 번갈아 보니 샐리가 말했어.

"에오랍토르는 엄마가 아니야. 새끼 공룡 이빨은 날카롭지 않거든."

공룡의 이빨은 어떤 모양일까?

- **초식 공룡의 이빨**
  촘촘하고 단단해 질긴 식물도 잘 먹을 수 있다.
- **육식 공룡의 이빨**
  끝이 뾰족하고 날카로워 다른 생물들을 잡아먹기에 알맞다.

초식 공룡 이빨 육식 공룡 이빨

모두들 새끼 공룡의 입 안을 들여다보는데, 옆에 있던 헤레라사우루스가 덩달아 입을 쩍 벌렸어.

“악! 이 고약한 냄새는 뭐야?”

“육식 공룡은 이빨에 낀 고기가 썩어 박테리아가 번식해. 그래서 입냄새가 지독하지.”

엘베르토는 또 잘난척을 했어.

“엘베르토, 이제 그만하고 매직 엘리베이터를 불러 줘!”

“알았어, 알았다고. 매직 엘리베이터~!”

육식 공룡의 사냥

강력한 턱, 뾰족한 이빨, 날카로운 발톱, 빠른 다리, 뛰어난 시력, 두꺼운 꼬리 등을 이용해 사냥했다.

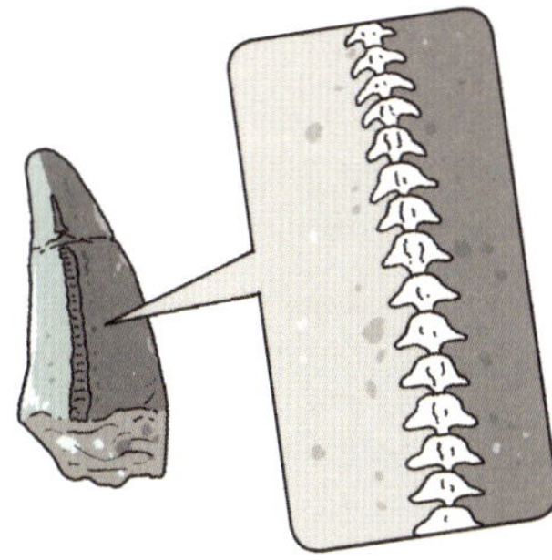

티라노사우루스의 이빨은 가장자리가 톱니처럼 생겼다.

초식 공룡의 방어

긴 꼬리를 휘두르거나 뾰족한 뿔로 육식 공룡의 공격을 막았다.

안킬로사우루스는 꼬리에 달린 곤봉 같은 뼈 뭉치를 휘둘러 공격을 막았다.

엘리베이터 문이 열리자, 커다란 기둥이 우릴 가로막았어. 큰 나무 같기도 하고, 바위 같기도 했지.

"도대체 이 기둥은 뭐지?"

에드워드는 기둥을 타고 오르기 시작했어. 우리는 이 까마득히 높은 기둥의 정체를 알아내려고 애썼지.

그때였어. 지진이 난 것처럼 땅이 흔들리더니 거대한 기둥이 움직이기 시작했어. 기둥의 정체는 바로 엄청나게 큰 공룡의 다리였던 거야. 레너드가 예리한 눈빛으로 말했어.

"이 시기에 공룡이 엄청 커졌군. 건물 5층 높이 정도 되겠어…."

"관찰력이 꽤 좋네! 여긴 후기 쥐라기야. 거대 공룡인 용각류가 나타난 시기지."

공룡들에 비하면 우린 너무나 작았어.

중생대 쥐라기

2억 년 ~ 1억 4천 5백만 년 전

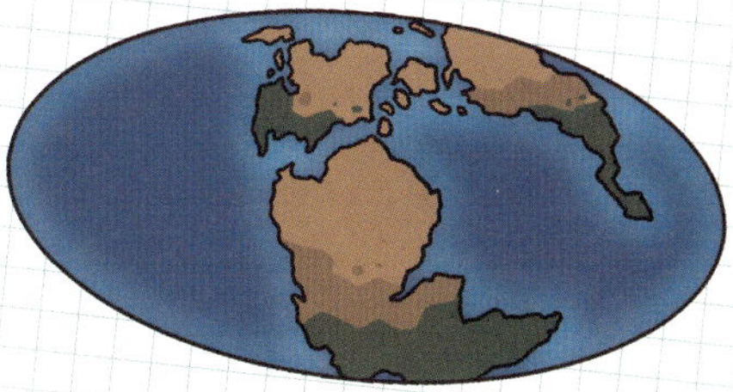

하나의 대륙이 둘로 쪼개지면서 곳곳에 얕은 바다가 생겼다. 기후가 더 따뜻해지면서 동식물이 널리 퍼졌고, 다양한 공룡이 나타났다.

목이 길고 몸집이 큰 용각류 공룡

공룡 중에서 가장 크다. 몸집이 워낙 커서 육식 공룡도 함부로 공격하지 못했다. 긴 목을 이용해 나무 꼭대기의 잎을 따 먹는다. 브라키오사우루스, 디플로도쿠스 아파토사우루스 등이 있다.

공룡의 몸집이 커진 이유

쥐라기는 따뜻하고 습기가 많아 나무들이 쑥쑥 자랄 수 있었다. 초식 공룡들은 풍부해진 먹이를 많이 먹어 점점 더 크고, 무거워지고, 많아졌다. 초식 공룡을 사냥하기 위해 육식 공룡의 몸집도 같이 커지게 되었다.

"저기 새끼 공룡이랑 닮은 공룡이 있어!"

샐리가 소리치며 달려갔어. 그곳에는 초식 공룡들이 한가롭게 풀을 뜯어 먹고 있었지.

"스테고사우루스의 골판은 언제 봐도 멋있군. 조심해! 나무 뒤에 육식 공룡 오르니톨레스테스가 숨어 있어. 내 눈은 속일 수 없지. 훗!"

엘베르토는 신나서 떠들었지만 샐리는 시무룩해졌어. 이 커다란 공룡들 사이에 엄마 공룡은 없어 보였거든. 그때였어.

쿵쿵쿵 땅이 울리더니 풀을 뜯어 먹던 공룡들이 빠르게 흩어졌어.

등에 골판을 가진 검룡류 공룡

등에 삼각형 모양의 골판이, 꼬리에는 뾰족한 골침이 있다. 골판은 바짝 세워 겁을 주거나, 접었다 폈다 하면서 햇빛의 양을 조절해 체온 조절을 한다. 꼬리의 뾰족한 골창은 무기로 사용하여 육식 공룡의 공격을 막는다. 검룡류 공룡에는 스테고사우루스, 켄트로사우루스 등이 있다.

육식 공룡 알로사우루스가 나타난 거야.
"아무리 육식 공룡이라도 거대한 용각류 무리를 사냥하는 건 쉽지 않지."
엘베르토의 말대로 아파토사우루스는 긴 꼬리를 채찍처럼 휘둘렀고,
스테고사우루스는 날카로운 가시가 달린 꼬리로 용감하게 맞섰어.
알로사우루스는 사냥이 쉽지 않자 화가 났나 봐. 으르렁대며 주위를
살피기 시작했지. 그러다 눈이 번뜩! 새로운 먹잇감을 발견한 거야.

불행히도 먹잇감은 우리였어. 으악!
우린 정신없이 도망쳤어.

바다로 곤두박질치던 순간, 기적처럼 매직 엘리베이터가 우리를 구하러 왔어.
창밖으로 보이는 알록달록 산호초와 물고기들이 마치 그림 같았지.
하지만 그 사이에는 무시무시한 거대 생물들도 함께 있었어.
"공룡이 땅 위를 지배했다면 바닷속은 어룡과 수장룡 같은 바다 파충류가 지배했지.
어룡과 수장룡은 작은 바다 생물부터 물고기, 거대한 상어까지 닥치는 대로
잡아먹어."
엘베르토 말이 끝나자 리오플레우로돈이 입을 쩍 벌린 채 우리를 향해 달려들었어.

쥐라기 바다에 살았던 생물

어룡

물고기, 오징어, 암모나이트를 먹고 사는 바다 파충류다. 돌고래와 비슷하게 생겼고 알이 아닌 새끼를 낳았다. 동족을 서로 잡아먹는 습성 때문에 어미가 새끼를 보살피지 않는다.

수장룡

수장룡은 비교적 몸집이 작고 목이 긴 플레시오사우루스류와 거대한 몸집에 목이 짧은 플리오사우루스류로 나뉜다.
두 종류 모두 맞설 상대가 없을 정도로 무시무시한 파충류다.

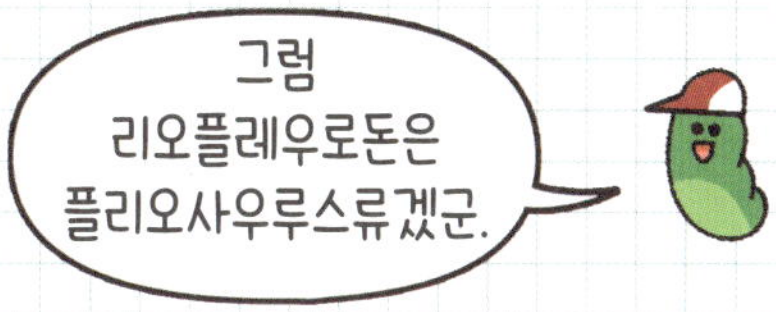

원시 상어

상어는 공룡보다 1억 년 앞서 세상에 나타나 현재까지 멸종하지 않았다. 환경에 따라 진화해 온 다른 생물들과 다르게 수억 년 동안 형태를 바꾸지 않은 채 깊은 바닷속에서 살아가고 있다.

우리는 매직 엘리베이터를 타고 바닷가로 올라왔어. 익룡 무리가 머리 위에서 뱅뱅 맴돌고 있었지.
쉬익
람포린쿠스 (2m)
휙
화석 신세는 면했군.
많이 놀랐지?
갑자기 익룡 한 마리가 새끼 공룡을 낚아채 갔어. 새끼 공룡을 구하려던 샐리도 함께 말이야.
파악
샐리!!!!!
람포린쿠스는 꼬리가 달린 익룡 중 날개의 길이가 가장 길지.
익룡이 하늘을 날 수 있는 이유
앞발의 네 번째 발가락이 옆구리까지 길게 늘어나 날개가 되었다. 새처럼 뼛속이 비어 있어서 몸이 매우 가볍다.
엘베르토는 매직 지팡이로 익룡의 꼬리를 휘감았어. 우린 엘베르토한테 매달려 하늘로 떠올랐지. “익룡은 하늘을 나는 파충류야.” 엘베르토가 말했어.
쉬이잉
꽉 잡으라고!
으악! 코니 살려!
꾸웩. 멀미!

익룡이 휘청거리는 순간 우린 다시 아래로 떨어지고 말았어. 하필 또 다른 익룡 무리 사이로 말이야. 하지만 엘베르토는 익룡이 아니라 시조새라고 했지.
얘들아 안녕?
새끼 공룡이랑 닮은 것 같아!
아르카이옵테릭스
'먼 옛날의 날개'라는 뜻으로 시조새라고도 불린다. 몸집이 작고 재빠른 육식 공룡으로부터 진화했다. 날개는 있지만 멀리까지 날 수는 없다. 양쪽 날개에 붙어 있는 발톱은 나무를 기어오르는 데 사용한다.

시조새가 새끼 공룡과 닮았다, 아니다 하면서 실랑이가 벌어졌어.
"그럴 필요 없어. 엄마 공룡은 공룡의 번성기 백악기에 있으니까."
엘베르토 말에 우린 소리쳤어.
"뭐? 알면서 말하지 않은 거야?"
시조새는 이빨이 있어.
새끼 공룡은 없어. 이번에도 실패인가?
알고 있었던 거야?
엄마 공룡을 만나러 백악기로 출발!
레너드 수첩
엘베르토는 우리를 골탕 먹이려는 경향이 있다.
새의 시작, 시조새
파충류와 조류의 중간 단계로 쥐라기 후기에 처음 나타났다. 날개와 꼬리에 깃털이 있어서 하늘을 날 수 있었다. 공룡처럼 이빨이 있었고, 뼈가 있는 꼬리가 달려 있다. 그래서 지금의 새가 공룡에서 진화되었다고 추측한다.
이빨이 있잖아?
시조새와 익룡은 같다!
O
X
익룡이 진화하여 시조새가 되었다고 생각하기 쉽지만 익룡은 하늘을 나는 파충류, 시조새는 파충류과 조류의 중간 단계이다.
정답: X

매직 엘리베이터 문이 열리자 곳곳에 활짝 핀 꽃들이 눈길을 사로잡았어. 엘베르토는 꽃 한 송이를 따 들며 말했어.

"마지막 공룡 시대에 온 걸 환영한다. 백악기는 가장 많은 종류의 공룡이 살았던 시대지."

우린 나들이를 나온 것처럼 들떴어. 엘베르토에게 화가 났었다는 사실도 잊은 채 말이야.

백악기

1억 4천 5백만년 ~ 6천 6백만 년 전

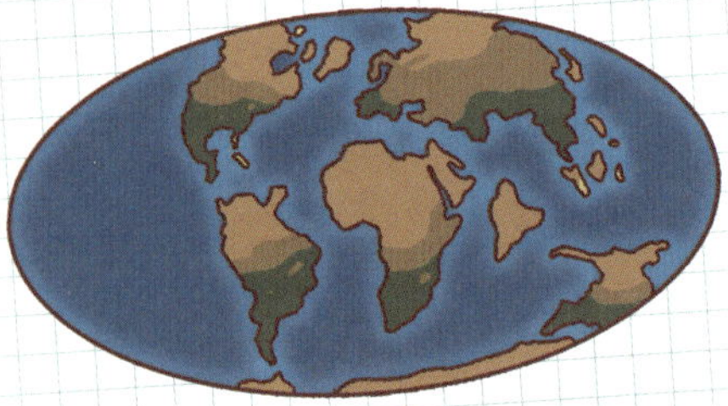

대륙이 계속 갈라져 오늘날과 비슷한 모습이 되었다. 바닷물이 넘쳐흘러 땅덩어리가 점점 더 작게 나눠지고, 날씨는 덥고 습해졌다.

머리엔 뿔, 목 주위엔 프릴이 있는 각룡류 공룡

뿔로 적을 공격하고 화려한 프릴은 겁을 주는 데 사용한다. 목 주위의 프릴은 뼈가 있어 두껍고 단단하다. 트리케라톱스, 카스모사우루스 등이 있다.

백악기는 초식 공룡들의 모습도 조금 남달랐어. 초코가 꽃을 뜯어 먹고 있는 공룡을 보더니 깔깔 웃었어.

"저 공룡 좀 봐! 머리에 헬멧을 쓰고 있는 것 같아."

"코리토사우루스야. 저기 뿔 달린 공룡은 트리케라톱스지."

엘베르토는 백악기에 꽃이 피는 식물이 많아지면서 초식 공룡들의 생김새도 다양해졌다고 말했어. 샐리는 새끼 공룡을 안으며 엄마를 꼭 찾아 주겠다고 다짐했어.

꽃 식물의 등장

백악기는 계절 변화가 뚜렷하여 일부 지역에서는 여름과 겨울이 번갈아 나타났다.
목련처럼 화려한 꽃이 피는 식물이 나타났고, 떡갈나무처럼 넓은 잎을 가진 활엽수도 나타났다.
꽃식물이 나타나면서 벌이나 딱정벌레 등의 수많은 곤충이 나타났다.

오리 입을 닮은 오리 주둥이 공룡들

딱딱한 부리 안에 수백 개의 이빨이 있다. 특히 식물을 씹을 수 있는 어금니가 많다. 머리에 뼈로 된 볏을 달고 있는데, 속이 빈 볏은 소리를 낼 수 있다. 파라사우롤로푸스, 코리토사우르스 등이 있다.

갑옷으로 무장한 곡룡류 공룡

목에서 꼬리 끝까지 단단한 갑옷을 두르고 등에 뾰족뾰족 돋아난 가시를 이용해 몸을 지킨다. 무서운 겉모습과 달리 키가 작은 나무의 부드러운 잎을 뜯어 먹는 온순한 공룡이다. 안킬로사우루스, 사우로펠타 등이 있다.

갑옷을 입은 공룡 무리 속에 들어가자 엘베르토는 마치 사회자처럼 공룡 사이사이를 오가며 소개했어. 샐리는 공룡들을 꼼꼼히 살폈지.

"파키케팔로사우루스는 단단한 머리로 박치기 대결을 하고 있군요. 아~ 안킬로사우루스의 갑옷은 언제 봐도 멋지네요. 하지만 절대 만지지 마세요. 곤봉처럼 생긴 꼬리의 매운맛을 보게 될 테니까요."

모두가 공룡의 매력에 빠져있던 바로 그때였어.

단단한 머리뼈를 가진 후두류 공룡

머리에 알처럼 생긴 두꺼운 뼈가 있는 공룡을 말한다. 단단한 머리뼈는 적이나 경쟁자가 나타나면 박치기를 하거나 밀 때 사용한다. 그래서 박치기 공룡이라고도 부른다. 파키케팔로사우루스, 고요케팔레 등이 있다.

갑자기 지진이 난 듯 땅이 울렸고, 초식 공룡들이 재빨리 흩어졌어.
거대하고 무시무시한 티라노사우루스가 나타난 거야.
"드디어 공룡의 왕, 티라노사우루스가 나타나셨군. 공룡 시대의 주인공이 나타났으니 그에 맞게 소개를 해야겠지?"
엘베르토는 서둘러 티라노사우루스를 설명했지만 우리는 아무도 듣지 못했어. 도망치기 바빴거든.

우리는 뿔뿔이 흩어지고 말았어. 그때 어디선가 흥분한 샐리의 목소리가 들렸지.

"새끼 공룡의 엄마를 찾았어!"

목소리를 따라가 보니 둥지 속 알과 새끼들을 돌보는 공룡 무리가 있었어.

"그런데 조금 이상하지 않아? 이 공룡은 알을 품지 않고 옆에서만 돌보잖아."

레너드의 말에 우린 모두 실망했어. 우리가 찾은 공룡 알 둥지 화석에는 알을 품은 흔적이 있었거든.

우린 주변을 둘러보며 다시 걷기

시작했어.

그때 어디선가 소리가 들려왔어

새끼 공룡은 눈을 반짝이며 목을

길게 빼고 두리번거렸지.

"크르릉."

새끼 공룡이 작게 소리 내며 모래 위를 뛰어갔어. 새끼 공룡을 따라 우리도 함께 뛰었지. 그곳엔 공룡 한 마리가 둥지 속 알들을 정성스럽게 품고 있었어. 우리는 단번에 알아봤어. 새끼 공룡과 꼭 닮은 모습의 엄마 공룡이라는걸. 어느새 새끼 공룡도 엄마 공룡 앞까지 뛰어갔어.

"드디어…."

착한 어미 공룡, 마이아사우라

알을 낳을 때가 되면 매번 같은 장소로 돌아가 둥지를 만든다. 집단생활을 하며 새끼를 키우는데 새끼를 돌보기 편하도록 각 둥지는 7미터 정도씩 떨어져 있다. 갓 태어난 새끼는 30센티미터(어미는 약 9미터)에 불과해 스스로 움질일 수 있을 때까지 둥지에 머무른다. 새끼는 한 달 사이 1.5미터까지 자란다.

'알 도둑' 누명을 쓴 오비랍토르

오비랍토르와 알이 함께 발견되었다. 학자들은 이 알을 다른 공룡의 알이라고 생각해 '알 도둑'이라고 이름 붙였다.

한참이 지나서 알 둥지에 새끼와 함께 있는 오비랍토르 흔적이 발견되면서 알 도둑의 누명을 벗었다.

새끼 공룡의 엄마를 찾아서 모두 기뻐하고 있는데 엘베르토가 알 수 없는 표정으로 중얼거렸어.

“이제 공룡 시대도 막을 내릴 때가 됐나?”

뭔가 불안한 기운이 느껴지는 것 같았지.

공룡은 왜 사라졌을까?

공룡이 사라진 이유는 정확히 알 수 없다. 학자들은 우주의 운석이 지구에 떨어져서, 화산이 폭발해서, 갑자기 기온이 뚝 떨어져서 등을 이유로 보고 있다.

"쿵!"

커다란 폭발음과 함께 땅이 흔들리고 하늘에서 돌덩이가 떨어지기 시작했어. 먼지 구름이 햇빛을 가리며 어둠이 깔렸지.

"운석이 떨어지고 있어! 곧 모두 파묻히고 말 거야!"

엘베르토는 여길 빠져나가야 한다고 소리쳤어. 하지만 샐리가 새끼 공룡을 구해야 한다고 뛰쳐나가는 바람에 아수라장이 되고 말았지.

"샐리, 안 돼!"

정신이 들었을 때 우리는 또다시 수많은 공룡 무리에 둘러싸여 있었어. 하지만 엘베르토가 보이지 않았어. 공룡들도 움직이지 않았지. 그때 누군가 다가와 손을 내밀었어.
"안녕! 공룡 박물관에 온 걸 환영한다! 난 관장 제임스, 이 친구는 공룡 해설사 문이야!"
아뿔싸! 매직 엘리베이터가 시간 터널을 지나 우리를 다시 공룡 박물관에 내려놓은 거야.

문 해설사가 공룡에 대해 설명해 줬지만 우린 이미 다 알고 있는 것들이었지. 샐리는 아직도 훌쩍이고 있었고, 레너드는 보고서를 쓰기 시작했어. "너희들은 이미 공룡에 대해 다 알고 있는 것 같네. 그런 의미에서 공룡 이빨 목걸이를 선물하마."

며칠 뒤, 우리는 아지트에 다시 모였어. 백악기 공룡들의 멸종을 목격한 충격에서 벗어나기 쉽지 않았거든. 우리는 이 엄청난 모험을 기념하고 기록하기 위해 공룡 젠가를 만들었어.

공룡에 대한 질문을 하나하나 써 넣고 젠가를 뽑으면서 질문에 대한 답을 하는 게임이야. 우리 같이 공룡 젠가 한 번 뽑아 보지 않을래?

최근 8명의 친구들이 오비랍토르의
알 둥지 화석을 발견해 큰 화제가 되고 있습니다.
이 공원에는 오비랍토르를 비롯해 백악기
공룡들의 흔적이 속속 발견되고 있어
전 세계가 주목하고 있습니다.
쿠왕
'알 도둑'이라는 별명을
가진 공룡은?
오비랍토르!!!!
P.S 우리가 발견한 알 둥지 화석의 엄마.
새끼와 엄마의 만남은 감동적이었지!

보고서의 행방을 찾아서
휙휙~
보고서는 누가
보는 거야?
앗! 그 생각을
왜 못했지?
보고서가 어디로, 누구한테
가는지 확인하지도 않고
사인을 하다니….
매직 엘리베이터 클럽
가입 신청서
매직 엘리베이터를 타고 세상의 모든
지식을 찾아 모험을 떠납니다.
단, 아래의 규칙을 반드시 지켜야 합니다.
하나, 궁금한 건 참지 않는다.
둘, 매직 엘리베이터를 타고
신나게 모험을 즐긴다.
셋, 모험을 한 후 내 마음대로
보고서를 쓴다.
날짜:
이름:
(서명)
스윽
우린 뭔가 이상하다고 느꼈어.
보고서는 어디로 가는 걸까?
지잉…
보고서를 올려 놓고
아침이 되면 감쪽같이
없어진다는 거지?
끄덕
방법을
고민해 보자!
고민할 게 뭐 있어?
밤새 지켜보면 되잖아!
컥! 그 생각을
왜 못했지?

그날 밤, 아지트
보고서의 행방을 밝혀내겠어. 아뵤~!
밤 11시 47분. 보고서 이상 없음.
새벽 3시 33분
파팟
사삭
아고고고~ 허리야. 사서의 길은 멀고도 험하군. 벌써 몇 천 년 째 하는 일이니….
척
번 보고서 가져왔습니다. 쫄쫄이는 그만 입고 싶은데 그냥 마법을 쓰면 안 되겠습니까?
어허! 자네 힘든 건 알지만 대도서관을 다시 지으려면 마법을 아껴야 한다고.
공룡에 대한 모든 것
대도서관을 다시 지을 날이 얼마 남지 않았군….
공룡에 대한 모든 것
인체의 비밀
곤충 탐험
우에에엥!!! 호기심이 발동했습니다. 매직 사서는 즉시 출동 준비 하십시오.
삐용
삐용
후훗. 이번에도 라인아파트인가!

오래된 물건들은 신비한 힘을 품고 있어.
매일같이 보던 물건이 유난히 다르게 보일 때가 있지.
그때가 바로 신비한 힘이 발휘되는 순간이야.
마치 마법처럼 말이야.

MAGIC

★ 감수자의 글 ★

우리가 살고 있는 세상에는 궁금한 것도 많고 알고 싶은 것도 많습니다.
이러한 궁금증은 바로 과학을 통해 해결할 수 있지요. 과학은 어떤 사건이나 현상을 이해할 수 있는 기본 원리가 담긴 학문입니다. 저학년 어린이들은 과학에 대한 흥미가 높습니다.
현미경, 시험관, 비커 등의 실험 기구를 가지고 탐구하며 신나게 궁금한 점을 해결합니다.
그런 과정을 통해 과학이 우리의 생활과 뗄 수 없는 것임을 알기도 합니다.
하지만 고학년으로 갈수록 과학을 점점 어렵게 생각하고 포기하는 학생들이 늘어납니다. 왜 그럴까요?
과학의 개념들을 충분한 이해 없이 그저 외우려고만 하기 때문입니다.
학년이 올라갈수록 배워야 하는 과학의 양은 늘어나니 외워야 할 것이 많아지고,
개념이 복잡해지기 때문에 과학이 어렵다고 느끼는 것이지요. 따라서 어렸을 때 과학을 외워야 하는 따분한 과목이 아닌 재미있는 과목으로 느낄 수 있도록 해야 합니다.

매직 엘리베이터를 타고 과학 모험을 떠나 보세요. 평소 궁금했던 여러 가지 현상들의 과학 원리에 대해 알 수 있답니다. 브라운앤프렌즈 캐릭터들과 함께 사람의 몸속, 공룡 시대, 곤충의 세계, 별과 우주, 심해 등 다양한 곳을 탐험하면서 자연스럽게 과학에 대한 흥미와 호기심, 지식을 쌓을 수 있습니다.

매직 엘리클럽에 가입하고 신나는 모험의 세계로 떠나 볼까요?

- 황신영 -